DISCOURS

Prononcé par DESFIEUX, président de la Section LEPELLETIER, le jour de l'inauguration des bustes de MARAT & LEPELLETIER.

A LA PLACE DES PIQUES.

CITOYENS,

Remplissons nos ames du sentiment religieux que ces lieux inspirent, des idées sublimes qu'ils réveillent; des augustes & déchirans souvenirs qu'ils retracent !

Sur ce piédestal, que déshonoroit naguères la statue d'un tyran orgueilleux, le corps sanglant d'un martyr de la liberté a été offert à votre admiration & à vos regrets. Jour de deuil & de

A

vengeance ! tu ne sortiras jamais de ma mémoire. O Lepelletier, je crois te voir encore! Cette tête, sur laquelle se peignoient à-la-fois la bienfaisance du citoyen, la sagesse du législateur, & l'inflexibilité du juge; ce front républicain, dont la mort n'avoit pas altéré la fierté; tous ces traits sont ineffaçablement gravés dans mon cœur!

Mon œil parcourt ce corps livide; il s'arrête sur tes vêtemens ensanglantés, il mesure avec effroi cette large blessure, & l'instrument du plus grand des forfaits. Tes dernières paroles frappent encore mon oreille : « *Je meurs content*, disois-tu, *je meurs pour la liberté de mon pays* ».

Non, Lepelletier ! tu existes ; ta mort, j'en atteste mon cœur & les races futures, ta mort n'est que le premier instant d'une vie nouvelle. L'homme n'est plus, un demi-dieu renaît de sa cendre. Ta demeure est au temple de l'immortalité, & tu auras toujours autant d'adorateurs que la terre comptera d'hommes dignes de la liberté.

Pour nous, qui t'avons voué un culte plus intime & plus direct ; pour nous, qui en attachant ton nom à notre existence politique, connoissons toute l'étendue des obligations qu'il nous impose ; c'est sur cette image sacrée, qui nous est transmise par nos frères de la section des Piques, que nous faisons, ô Lepelletier ! le double serment d'imiter ta vie & de venger ta mort.

AU CAROUSEL.

CITOYENS,

Marat & Lepelletier resteront à jamais unis dans les hommages que les Français rendent à leur mémoire. Trop fiers pour en offrir à aucun être vivant, nous savons honorer dignement ceux qui ont été éminemment utiles à la patrie jusqu'au dernier souffle de la vie, & qui l'ont perdue pour elle.

Le règne des illusions est détruit, celui de la vérité commence. Elle va substituer sa bienfaisante influence aux erreurs serviles, amoncelées par tant de siècles d'ignorance ; & toujours, sans doute, le plus brûlant patriotisme enflammera nos cœurs républicains : mais si la chaîne fraternelle

qui nous unit, pouvoit se relâcher un seul instant,
c'est aux pieds de ce tombeau que nous viendrions
rallumer notre amour pour la république une & in-
divisible, & que nous ferions à la félicité com-
mune, le sacrifice solemnel de nos passions indi-
viduelles.

Et toi, dont le génie éclaira le peuple, toi qui
défendis ses droits avec une constance qu'aucun
obstacle n'a jamais ralentie; toi qui poursuivis ses
ennemis avec une intrépidité que le nombre & la
grandeur des dangers ne faisoient qu'accroître, ô
Marat, peux-tu être assez vengé ? Non, nous le
jurons, tant qu'il existera un traître, un conspi-
rateur, un vil partisan des rois ou du fédéralisme,
Ta mort est due aux mânes de Marat, de Lepelletier & au salut de la patrie.

A LA SECTION.

CONTEMPLEZ avec un saint respect ces images que
nous venons de recueillir. Citoyens, ce sont celles
de deux hommes qui, victimes de l'amour fraternel,
ont cimenté de leur sang la liberté publique.

(5)

Cet aveugle & bifarre deſtin, qui en ſe jouant,
place les hommes, & ordonne à ſon gré les évè-
nemens, fit naître l'un de ces défenſeurs du peuple
dans une caſte orgueilleuſe, rapace, oppreſſive, &,
de tout temps, ennemie du peuple. C'eſt dans le
ſein du parlement de Paris ; c'eſt au milieu de cette
aſſemblée de tyrans ſubalternes, que s'eſt formée
l'ame grande & républicaine de Lepelletier, ſem-
blable à ces plantes ſalutaires qui croiſſent & s'élè-
vent au milieu des poiſons qui les environnent.

La médiocrité s'organiſe avec lenteur ; les grands
hommes le ſont tout-à-coup, & ne paſſent point
par ces dégrés, qui ſont les marques de notre fои-
bleſſe.

Dans l'âge des erreurs & des paſſions, dans le
ſiècle du luxe & des folles jouiſſances de la vanité
& de la molleſſe, en proie à tous les moyens de
ſéduction qu'offre une fortune immenſe ; Lepelletier, ſimple, frugal, excluſivement occupé du
bonheur de ſes concitoyens, apperçoit bientôt que
l'eſpoir de ce bonheur ne peut être fondé que ſur
la liberté. Mûri par de profondes méditations, &
républicain avant même qu'on ſoupçonnât la poſſi-
bilité d'une république françaiſe, il combine les
moyens d'arracher le peuple à la tyrannie & , dans

A 3

le silence du cabinet , prépare l'anéantiffement de la royauté.

La révolution fe fait & , dès ce moment, Lepelletier fu regarde comme une victime honorable, dévouée au bien public.

Membre de la nobleffe dans l'affemblée conftituante, il y porte le cœur & les principes d'un plébeïen : membre d'un corps adminiftratif fous la légiflature , il défend avec énergie la caufe populaire , fi lâchement trahie par une foule innombláble d'adminiftrateurs. Appelé enfin à la convention nationale, il y développe le mâle caractère d'un fondateur de république ; il y paroît environné de toutes les vertus & de toutes les lumières de la philofophie. Q pères de famille ! béniffez fa mémoire , & inclinez devant ce bufte vos têtes reconnoiffantes : c'eft le plan d'éducation de Lepelletier qui fera de vos enfans des citoyens dignes de la république.

Epoque défaftreufe ! monftre que les enfers ont vomi pour faire les malheurs de la terre ! . . . Ma voix expire fur mes lèvres inanimées ; . . . & j'épargne à la fenfibilité de mes frères le douloureux récit de la cataftrophe fanglante qui termina, dans fon printemps, le cours d'une vie dont tous les inftans ont été consacrés à la liberté, à l'égalité, à la félicité du peuple.

Portez, ô mes concitoyens, vos regards attendris sur cet autre buste : c'est celui de votre ami; c'est celui de MARAT.

Né avec une ame forte & du génie; élevé dans une république, à l'école de J. J. Rousseau; nourri dans la haine des oppresseurs de l'espèce humaine, & préparé aux entreprises les plus hardies par la lecture des anciens & l'étude des hautes sciences, Jean-Paul Marat conçoit de bonne heure, le sublime projet de substituer, aux caprices féroces des tyrans, la volonté souveraine & toujours équitable des peuples.

Il commence sa carrière philantropique par un ouvrage intitulé, *les chaines de l'esclavage*. L'infortune est le creuset des vertus, & la persécution le fatal appanage du génie. Marat est poursuivi avec acharnement par le ministère Anglais, & n'en devient que plus ardent.

Bientôt un vaste champ est ouvert au défenseur des droits de l'humanité; l'aurore de la liberté vient de poindre en France. Un germe révolutionnaire, que le temps & l'expérience n'avoient pas encore développé, est lancé au milieu de nous; & déjà en-

norgueillis par des demi succès. nous croyons,
aveugles que nous sommes! avoir fait une révolution durable & complette. Marat se constitue l'*ami
du peuple*; & seul, au milieu d'une multitude
égarée, il ose déclarer à la nation Française qu'*elle
n'est pas libre*; qu'on ne peut l'être sous un roi;
qu'une constitution achetée par le despote, & per-
fidement ellidé par des représentans infidèles,
n'offre au peuple, qui l'adopte avec enthousiasme,
qu'une servitude légale, sous les formes de la liberté.

Les hommes, les choses, le présent, le futur,
tout est pesé dans la balance de *l'ami du peuple*.
Rien n'échappe à son œil pénétrant & sévère; ni la
dissimulation profonde de Capet, ni la doucereuse
perfidie de Lafayette, ni l'enveloppe de philôso-
phie qui couvre la corruption de Bailly, ni la tur-
bulente exagération, sous laquelle Barnave & les
Lameth cachent la soif de l'or & du pouvoir.

Fléau des imposteurs, inexorable ennemi des
traitres, Marat épie, poursuit, démasque ce vil
ramas d'esclaves intrigans, vendus au despotisme
&, mettant la liberté sous la sauve-garde de ses
courageuses dénonciations, présente aux yeux des-
sillés du peuple, l'odieux spectacle de l'assemblée
constituante, trafiquant sans pudeur des droits que

ſes commettans lui ont délégués, & forgeant des chaînes nouvelles, ſous l'auguſte nom de loix.

Ces vérités, exprimées avec énergie dans les feuilles de l'*Ami du peuple*, font pâlir les coupables. Ils diſpoſent des tréſors de l'empire, mais ils n'ignorent pas que, duſſent-ils y joindre tous ceux de l'univers, ils ne ſeroient pas encore aſſez riches pour acheter le ſilence de Marat. Cependant, n'ayant plus à choiſir qu'entre leur perte & celle d'un ennemi inflexible, ils ſe décident à recourir à la force ouverte. Egarés par leur chef, des gardes nationaux pourſuivent Marat. Obligé de fuir, un ſouterrein devient le ſanctuaire de la vertu, & du génie perſécutés. La lumière, les éclairs, la foudre partent d'un ſoupirail. A la voix de l'*ami du peuple*, la nation ſe réveille; Lafayette démaſqué, fuit chez l'étranger, & *le héros des deux mondes* en devient l'opprobre.

La journée du 10 août met un terme aux crimes du tyran : le ſceptre des Capets eſt réduit en poudre ; les complices du deſpote, les ſatellites de la tyrannie ſont immolés aux mânes des patriotes égorgés à Nanci & au Champ-de-Mars.

Marat triomphant, paſſe de ſon ſouterrein à la

chaiſe curule : le guide éclairé du peuple, l'imper-
turbable défenſeur de ſes droits ; eſt chargé de l'honorable miſſion de le repréſenter à la convention
nationale. Des perſécuteurs l'y précèdent ; ſon
courage & ſa vertu vont y être ſoumis à de nouvelles épreuves. *La faction des hommes d'état*, qui
a pris naiſſance dans l'aſſemblée légiſlative, avoit
préparé, par ſes intrigues, les moyens de dominer
la convention pour aſſervir le peuple. Empreſſée
de réaliſer ſes projets liberticides, peu de jours
après l'ouverture de la ſeſſion, elle accuſe Marat,
dont elle craignoit l'aſcendant & la ſurveillance,
d'aſpirer au pouvoir abſolu. Plus indigné que ſur-
pris, mais fier de ſa vertu, Marat, abandonné à
ſes propres forces, lutte ſeul contre la majorité
de l'aſſemblée, prouve l'abſurdité de l'accuſation,
la profonde ſcélérateſſe des accuſateurs, arrache
l'admiration & conquiert l'eſtime d'un grand nombre de ſes collègues, trompés par les calomnies de
la faction. Une juſtification auſſi complette, une
victoire auſſi éclatante auroient ſatisfait un homme
ordinaire; Marat croit n'avoir rien fait, s'il n'im-
mole pas au ſalut public, ces *hommes d'état*, qui,
tout-puiſſans encore, menacent d'anéantir la liberté. Il pourſuit *la faction* dans toutes ſes ra-
mifications, démêle toutes ſes trames, évente
tous ſes complots.

Elle veut sauver le tyran ; *l'ami du peuple* tonne à la tribune & dans ses feuilles, & le tyran porte sur l'échafaud sa tête trop long-temps criminelle.

Dumouriez étoit le complice & l'appui de *la faction* ; Marat sonde les replis de son ame traîtreuse, & le dénonce à la France entière.

La faction, déconcertée par cet argus infatigable, fait un dernier effort pour le perdre. Les plus ardens républicains, par une ruse de son machiavélisme, avoient été envoyés dans les départemens : *la montagne* étoit désertée. *La faction* saisit cet instant, propose un décret d'accusation contre Marat ; il est lancé.

Placé entre les poignards des assassins & le glaive de la loi, il se cache pendant quelques instans dans son ancienne retraite ; mais bientôt appellé au tribunal, il est absous à l'unanimité, & reporté en triomphe dans le sanctuaire des loix.

Cependant rien n'arrête le cours des intrigues de *la faction* qui le croyoit encore toute-puissante. Elle imagine un nouveau moyen de priver le peuple de ses défenseurs ; & sous le nom de *la commission des douze*, elle cherche à naturaliser en France les *inquisiteurs d'état* de Venise. La mesure des forfaits de *la faction* est comblée par l'arrestation d'un magistrat justement chéri du peuple, & le jour de la vengeance est arrivé.

Marat conçoit le plan de la révolution du 31 mai, & en dirige l'exécution. Cette journée à jamais mémorable, & les suivantes, qu'aucune goutte de sang n'a souillée, cet auguste développement de toute la majesté du peuple; cette bienfaisante révolution, dont en vain l'on chercheroit le type dans les annales du monde, purge la représentation nationale des traîtres qui la déshonorent. Un décret d'arrestation les foudroye, les dévoue à l'échafaud, & Marat, qui l'a provoqué, a assuré pour toujours l'unité & l'indivisibilité de la République.

Le sort de la France est fixé par une constitution écrite sous la dictée du génie de la liberté. L'ami du peuple a parcouru sa carrière, la république est fondée; Marat, au faîte de la gloire, a assez vécu pour le peuple; mais il faut encore, ainsi le prescrit la destinée, que tout son sang soit versé pour le peuple. Une femme..... un monstre, plus atroce, plus implacable que Médée, tranche le cours d'une si belle vie, & laisse la nôtre en proie à d'éternels regrets.

Ainsi périt ce grand homme. Plus sévère, & sur-tout plus ferme que Caton, aussi ardent ami du peuple que les Gracques, aussi pauvre que Cincinnatus, Jean-Paul Marat fut aussi admirable dans la vie privée, que dans sa vie publique.

Occupé jusqu'à son dernier soupir des intérêts du peuple, le produit de son travail & de ses veilles étoit la propriété de l'indigent. Defenseur né de tous les opprimés, on ne s'adressa jamais inutilement à lui pour obtenir la réparation d'une injustice.

Marat dédaigna l'or. Des vertus publiques & privées, de grandes actions, des malheureux soustraits à l'infamie & à la misère, les bénédictions du pauvre, la vénération & l'amour du peuple : c'étoient là ses richesses.

Des milliers d'hommes meurent, & sont aussi-tôt remplacés : mais la mort d'un grand homme laisse un vuide dans l'univers, & la nature est des siècles à le remplir. Que du moins l'exemple de Marat & de Lepelletier, qui ne sont plus, vive sans cesse parmi nous. Il n'est pas donné à tout le monde d'être grand ; mais chacun peut apprendre d'eux à être bon citoyen.

Républicains, nous ne sommes plus des êtres isolés, instrumens aveugles du caprice d'un seul homme ; nous faisons tous partie du peuple, & le peuple est tout. Que cette idée élève nos ames, qu'elle consacre cette union, cette indivisibilité morale qui, seules, peuvent nous rendre invincibles &

grands; que cette fête, destinée à honorer la mémoire de deux martyrs de la liberté, serve encore à nous exprimer d'une manière sensible & touchante, qu'un patriote malheureux fait souffrir tous ses frères, & que, s'il est frappé par une main ennemie, tous ressentent le coup mortel. Que le vil & hideux égoïsme, que ce vice des esclaves & des tyrans fuye sans retour le sol sacré de la liberté, l'heureux territoire que couvre un peuple de frères. N'oublions jamais, ô mes concitoyens, que la fraternité est la vie du corps social, le doux lien de notre république; unissons nos sentimens & nos armes pour nous aimer & pour terrasser nos ennemis, & la liberté du monde sera l'inestimable prix, la douce & glorieuse récompense de nos travaux.